AF360324

APPENDICE

AUX RECHERCHES

HISTORIQUES ET BIOGRAPHIQUES

SUR VERSAILLES.

NOTE SUPPLÉTIVE

A un écrit qui a pour titre : Question d'état civil et historique : Napoléon Buonaparte est-il né Français ?

Par M. Eckard.

VERSAILLES,

CHEZ DUFAURE, IMPRIMEUR, RUE DE LA PAROISSE, 21.

Décembre 1834.

Tiré à 100.

AVERTISSEMENT.

La publication des *Recherches historiques
sur Versailles* (*), a procuré à l'auteur différentes observations, et singulièrement en ce qui
concerne les beaux-arts. On aurait désiré qu'il
en eût parlé de manière à fixer un point d'arrêt
entre le passé et l'avenir du château et des
magnificences de Louis XIV. Ce tableau serait, sans doute, devenu fort intéressant,
puisque les artistes qui en ont eu l'idée of-
fraient d'y concourir par leurs talens; mais
des développemens de cette nature ne ren-
trent aucunement dans le plan de l'ouvrage
qui, d'ailleurs, en indique plusieurs autres
qu'on pourrait consulter à ce sujet.

Outre des particularités inédites et le pré-

(*) Chez le même imprimeur. Février 1834.

cis d'un projet peu connu pour amener une rivière à Versailles, et dont l'auteur est l'homme célèbre qui avait déjà construit le canal du Languedoc, on trouvera dans cet *Appendice* des éclaircissemens qui confirment encore plus des faits importans établis dans les *Recherches*. Et comme, malgré tous les soins que l'auteur a pris, il s'y est glissé des erreurs, il a apporté la plus grande attention à les rectifier.

Il peut donc espérer que ces améliorations seront accueillies aussi favorablement que le fut l'ouvrage dont elles sont le complément.

RECHERCHES HISTORIQUES.

2.e *ligne* de la *Notice* ensuite de la dédicace ; *au lieu de*, naquit en 1728, *lisez :* naquit le 18 septembre 1737.

Et au verso, *ligne* 13, *au lieu de*, 1803, *lisez :* 1801.

Page 6, *ligne* 9, *au lieu de*, 923, *lisez :* 912.

Page 16, dernière ligne ; *lisez :*
(ils contredisent le reproche de spoliation que plusieurs écrivains font à ce maréchal),

Page 28, *ligne* 13, mettez en note :
(*) M. Michelet est professeur à la Faculté des Lettres, et auteur d'une *Histoire de France*, dont il a paru deux volumes qui font vivement désirer les autres.

Page 36, après la 3.e ligne, *alinéa.*
On voit encore dans l'une des salles de la

mairie , un tableau représentant cette façade avant la construction de la grande galerie.

Le Nostre éprouva moins de contradiction dans la décoration des jardins, si l'on ajoute foi à l'anecdote suivante.

Lorsqu'il eut arrêté ses plans, il pria le Roi de venir sur les lieux pour juger de la distribution des principales parties. Il commença par les deux pièces d'eau qui sont sur la terrasse, au pied du château ; il lui expliqua ensuite son dessein pour la double rampe. Le Roi, à chaque grande pièce dont Le Nostre lui indiquait la position, l'interrompait, en disant : « Le Nostre, je vous donne vingt « mille francs. » Cette approbation fut répétée plusieurs fois ; mais Le Nostre, aussi désintéressé que touché de cette munificence, arrêta le monarque à la quatrième interruption, et lui dit brusquement : « Sire, Votre Majesté « n'en saura pas davantage ; je la ruinerais. »

Page 48, 3.*ᵉ* vers :

On y veut admirer

Page 54, dernière ligne ; *restituez ces mots :*

après avoir subi différentes variations. J'en ai acquis la connaissance certaine

Page 57, *ligne* 14, *et passim*, *au lieu de* Janson, *lisez :* Jeanson, (*)

(*) Il est mort à Paris, le 28 septembre 1828. *Voy.* son article dans la *Biographie universelle, Supplément.*

Page 60, après la 11.e ligne, *alinéa.*

On doit principalement faire observer que les plus grands travaux pour les terrasses et pour la conduite des eaux furent exécutés par des troupes, avec moins de dépenses, malgré une augmentation de solde, qu'on n'osait l'espérer. C'est qu'en effet les soldats employés à ces ouvrages ne coûtaient guère plus qu'ils n'auraient fait dans l'oisiveté d'une garnison ; et l'on remarquera que l'on revient aujourd'hui à ce moyen qu'on a censuré si amèrement.

Les Mémoires contemporains ne donnent aucune lumière sur notre discussion. Dangeau, d'ailleurs, si minutieux, s'est contenté d'écrire à ce sujet : « il y a des années où le Roi dé- « pensait jusqu'à douze millions en bâtimens ;

« cette année Sa Majesté n'y a dépensé que
« deux millions six cent mille livres (*) ».
Néanmoins, lorsqu'à ce renseignement positif
on ajoute, que les dépenses furent en 1668,
d'environ trois millions six cent mille livres,
et en 1669, de cinq millions cent quatre-
vingt mille livres, y compris les constructions
faites à Paris, ou ailleurs, et lorsque l'on
considère que les travaux furent suspendus,
en 1690, pendant les huit années de la guerre,
on doit conclure de tous ces rapprochemens
qu'on ne peut s'en rapporter, ni aux approxi-
mations hasardées par Voltaire, ni aux opérations incomplètes de Guillaumot.

(*) *Mémoires;* 3 décembre 1699.

Note sous la *page* 61, dernières lignes.

Au lieu de, C'est un extrait des *Observations* de
Guillaumot; *lisez:*

A la suite des *Documens* on trouve une *Notice détaillée*
et des *extraits* du *Mémoire* de Guillaumot, dans lesquels
on ne critique que des erreurs de calcul; tandis que l'une
des fautes graves commises par cet architecte, celle de
n'avoir eu nul égard aux nombreuses variations dans le
prix des travaux et du marc d'argent monnoyé, n'y est
aucunement relevée. Mais les *Documens* qui précèdent

et qu'on doit aux recherches de M. Peignot, renferment des *détails curieux* sur diverses dépenses de Louis XIV en monumens, encouragemens donnés au commerce, gratifications aux gens de lettres, etc., pendant les années 1664, 1665 et 1666. Ces *Documens*, dont plusieurs peuvent fournir des renseignemens pour connaître une partie des sommes employées aux premières constructions de Versailles, sont, en outre, accompagnés de notes précieuses et dignes d'un savant aussi distingué.

Page 77, après le dernier alinéa; *lisez :*

Il faut remarquer encore que Louis XIV ne voulut point s'astreindre, pour la distribution de ces parcs et de ces jardins à la manière alors généralement adoptée en France, et qu'aujourd'hui on appelle *le genre anglais*. Ennemi de ce mode capricieux, ce prince, bien compris par Le Nostre, introduisit dans l'ordonnance et la plantation de ceux de Versailles et de ses autres demeures la régularité, la pompe et la symétrie (*).

(*) Ce n'est qu'improprement que les jardins du petit Trianon et d'autres du même genre sont nommés *jardins anglais;* et c'est une erreur de croire que les Français ont emprunté des Anglais les modèles de ces jardins romantiques où le chef-d'œuvre de l'art est d'imiter la nature. Kent, regardé par H. Walpole, comme le créateur de cet art, n'a fait qu'imiter ceux de France, où l'on en trou-

vait partout avant Louis XIV; et au jugement d'Addisson
(*Le Spectateur,* tom. vi, 3o4), ils plaisaient plus à l'imagination que ceux de l'Angleterre.

Page 81 , *ligne* 11 , *lisez :* cette salle
n'existe plus depuis 18o2.

Page 83 , ensuite du premier alinéa, *lisez:*

A cet aspect, le poëte qui a peint avec des
couleurs si vives les grandeurs et les désastres
de nos rois , Delille s'est écrié :

Voyez ces murs déserts ! Là, le pompeux Versailles
Etalait autrefois l'orgueil de ses murailles ;
Là, mille passions, mille vœux à la fois ,
Les princes et les grands, les députés des rois,
Les intérêts rivaux, les vanités trompeuses
Sans cesse s'agitaient sur ces routes pompeuses;
Là, venaient en silence, attendant un coup-d'œil,
Aux pieds de la faveur s'agenouiller l'orgueil.
De là, portée au loin sur la terre et sur l'onde,
La volonté d'un seul faisait le sort du monde.
Tant d'éclat irritait l'univers ébloui;
Un orage a grondé, tout s'est évanoui ! (*)

(*) L'Imagination. *Chant* IV. édit. Michaud.

Dans quelques éditions, au 4.ᵉ vers, on lit: les députés, les rois ; c'est une faute.

Page 85, *ligne* 22, après le point, *lisez :*
Néanmoins, après le départ des invalides,
le Conservatoire des Arts et Sciences établit
dans les appartemens de Mesdames, au rez-
de-chaussée, un *Cabinet d'Histoire naturelle;*
des collections de chacun des trois règnes y
étaient réunies à des objets d'arts ou d'une
haute curiosité. En 1797, le Ministre de l'Intérieur, Benezech, obtint l'autorisation d'y
former un *Musée spécial de l'Ecole française;*
et un grand nombre de tableaux, la plupart
des plus grands maîtres, aux différentes épo-
ques de l'art en France, furent distribués dans
les salons au nord, la grande galerie et les
grands appartemens : il avait aussi le dessein
d'y recueillir des chefs-d'œuvre de la sculp-
ture. Les tableaux de ce Musée, ainsi que les
objets du Cabinet d'histoire naturelle, prove-
naient en grande partie , soit des églises, soit
des propriétés devenues nationales. Ainsi, le
château de Versailles, dépouillé de ses propres richesses, devint le dépositaire de celles
qui avaient été ravies aux principaux lieux du
département de Seine et Oise et de ceux en-
vironnans.

On verra, *page* 93, comment on s'est emparé des plans du ministre Benezech.

Page 88; *ajoutez* à la seconde note.

Des curieux ont remarqué dans les prétendus *Mémoires de Louis XVIII*, (dus à la plume féconde de M. d. L. M. L.) IX, 307, celle qui fut faite à mademoiselle de La Vallière, par un cabaliste célèbre. Il lui annonça qu'un siècle après la construction de Versailles, les Tuileries redeviendraient la demeure habituelle des rois de France. Surprise, elle lui demanda : « Retourneront-ils ensuite à Versailles? — Non, répondit l'astrologue, le peuple ne le voudra pas. » Louis XIV, à qui la favorite rapporta cette prédiction, l'écouta en silence, et fort au dessus de ces faiblesses, le monarque lui en donna cette explication : « Mes successeurs seront bien chers à la nation, puisqu'elle ne consentira plus à les perdre de vue ; c'est un bonheur que je leur envie. » Les journées des 5 et 6 octobre, dit le narrateur, ont justifié la prédiction tout autrement. Mais les curieux ont dû remarquer aussi que la révélation ne leur en a été faite que plus de quarante ans après ces évènemens.

Page 89, *ligne* 3; alinéa.

« Bonaparte, dit Lemontey, ayant eu le dessein de rendre habitable le château de Versailles, le célèbre architecte Gondouin employa, par son ordre, seize mois à faire les plans et devis de ce rétablissement, dont

il porta la dépense à cinquante-deux millions.
Napoléon se contenta d'assigner trois millions
par an pour commencer les réparations les
plus urgentes et prévenir la destruction dont
le palais était menacé. Environ sept millions y
furent dépensés (*). » On a lieu de croire que
Lemontey ne fut pas bien informé sur ce dernier point.

(*) *Histoire de la Régence ;* chap. xiv.

Page 98, 3.ᵉ *ligne ;* alinéa.

L'éveil donné, *pages* 92 *et suivantes*, sur
l'érection d'une statue à Louis **XIV,** et sur les
ouvrages entrepris au château, a eu quelque
retentissement. Des journaux ont révélé qu'on
venait de creuser dans la partie la plus élevée
de la cour des Ministres, une ouverture pour
y asseoir les fondemens d'une construction
destinée à servir de base à la statue de ce
monarque, et que le roi Louis-Philippe était
allé (incognito) vendredi 7 novembre dernier,
poser la première pierre de l'assise. L'emplacement paraît bien choisi. Mais que nos artistes ne s'imaginent pas qu'ils seront appelés

à créer, ici, un monument digne du grand Roi. Le buste, le corps de la statue, le cheval, etc., rassemblés de différens lieux , composeront un pastiche singulier et d'un triste présage pour tout ce qu'on se propose d'édifier. **A** l'égard des différens travaux , la précipitation qu'on met à démolir partout , semble avoir pour but d'affaiblir les impressions que le rapport du Ministre de l'Intérieur a laissées dans les esprits, sur l'impossibilité de les voir terminer de long-temps ; mais rien ne paraît encore annoncer que la reconstruction sera prompte, ni que le paiement des dépenses soit fait, ainsi qu'on l'a promis , avec des fonds de la liste civile , point essentiel pour les contribuables.

Page 102, *ligne* 16 ; alinéa.

Un bras de la rivière de Seine , des eaux d'étangs et de nombreuses sources, à découvert , ou souterraines, fournissent à cette consommation. Mais celle prodigieuse qui se fait lorsque les eaux sont jaillissantes dans les jardins, ne permet de laisser jouir de ce spectacle qu'à de certains intervalles et moins de temps qu'on ne le désirerait. Aussi tout ce qui pouvait procurer des eaux à Versailles était si bien accueilli par Louis XIV, que Colbert prenait beaucoup de soins pour seconder les projets qui tendaient à ce but. Il s'occupa surtout de celui d'amener une partie des eaux de la Loire sur la montagne de Satory; en sorte qu'outre les immenses avantages qui en seraient résultés pour la ville et pour les jardins, on aurait vu descendre de cette hauteur des navires avec leurs mâts et venir flotter sur le canal devant le château. L'auteur de ce projet, et qui se chargeait de l'exécuter moyennant deux millions quatre cent mille livres, était l'immortel Riquet, déjà connu par la réussite du magnifique canal qui sert à la communication des deux mers. Le traité allait être signé, lorsque le Ministre nomma l'abbé Picard et plusieurs autres membres de l'Académie des sciences, pour aller de nouveau niveler la pente qu'il pouvait y avoir depuis l'endroit où l'on voulait prendre la Loire jusqu'au sommet de Satory. Le nivellement fut fait avec toute l'exactitude possible et avec des niveaux d'une justesse infiniment plus grande que celle des agens de Riquet. Il fut démontré que la rivière viendrait plus bas que le pied du haut de Versailles, et qu'ainsi elle ne produirait pas les effets pour lesquels on avait désiré de l'y faire arriver (*).

A l'égard de l'aqueduc, ou canal de Maintenon, qui devait conduire les eaux de l'Eure à Versailles, il n'a jamais été prouvé si ces travaux, abandonnés comme mal conçus, l'ont été réellement à tort, suivant des réclamations faites alors par les ingénieurs et que des gens de mérite croient très-fondées. Leur opinion est que ce fut, d'abord, le manque de fonds qui fit suspendre les opérations ; qu'ensuite, une nouvelle vérification des sommes très-considérables, il est vrai, qu'il faudrait encore y employer, et principalement la création du château et des jardins de Marly, décidèrent l'établissement de la machine qui y fut construite sur la Seine.

Aujourd'hui, que les forces hydrauliques

(*) On trouve des détails curieux à ce sujet dans les *Mémoires de Charles Perrault;* Avignon, 1759 : in-12.

sont si puissantes, peu dispendieuses, et que déjà la Pompe à feu de Marly procure à Versailles des eaux beaucoup plus abondantes que la Machine n'en fournissait (*), ne serait-il pas possible d'y en faire arriver pour la formation d'un canal, auquel on ajouterait le trop plein des étangs Montbauron et Gobert, ainsi que les sources des environs ? La surabondance des eaux de ce canal retournerait à la Seine par Viroflay, le bas Châville et Sèvres, au moyen d'écluses que les ingénieurs sauraient rendre utiles au pays. Alors, le commerce et l'industrie se concerteraient pour former de grands établissemens, et Versailles en retirerait des avantages certains et incalculables.

Ce serait, assurément, l'unique moyen de préserver cette belle et grande ville d'une ruine de plus en plus imminente et contre laquelle désormais elle luttera vainement, puisque toute espérance de redevenir, au moins, pendant quelques mois de l'année, un

(*) Il faut expliquer qu'on ne parle que des derniers temps. Lorsque la Machine de Marly avait quatorze roues, elle fournissait une plus grande quantité d'eau que la pompe ne peut en procurer dans son état actuel.

séjour royal, s'est évanouie pour elle. Et qu'à cette proposition l'on ne vienne pas opposer les résultats fort éventuels des bouleversemens qu'on opère dans le château et l'accumulation, l'amalgame qu'on y prépare de chefs-d'œuvre des beaux arts et d'ouvrages faits à la hâte et à bon marché : car, il est facile de prévoir que, pour Versailles, une telle métamorphose n'apportera aucun avantage réel aux propriétaires, ni aux manufactures et aux fabriques, aucune des ressources qu'elles réclament ; elle n'y profitera qu'à des restaurateurs et aux voitures publiques.

Page 115, dernier alinéa.

Voici la traduction que l'auteur du poëme si intéressant sur *La Mort de Loizerolles* (*), nous a donné de ce distique.

Prince, France, Palais, qu'embrasse mon regard,
Sont les trois grands objets que l'univers admire :
Le Roi, par son génie et par son vaste empire,
Et ce palais divin par les pompes de l'art.

M. le chevalier DE LOIZEROLLES.

(*) Ce Poëme a eu quatre éditions.

Page 120, *ligne* 12 ; alinéa.

Bertin, dans l'une de ses élégies, regrette de ne point parcourir avec sa Catilie, les *Jardins du Petit-Trianon*, et sa muse en esquisse les plus rians paysages. M. de Labouïsse, pour adoucir l'ennui d'être séparé de son Éléonore, lui a adressé, dans le *Voyage à Trianon*, une élégante et rapide description en vers et en prose des principales féeries qu'on admirait dans ce séjour magique.

Page 132 ; dernier alinéa.

Enfin, dans le *Cicérone* de 1804, auquel il faut souvent recourir pour avoir de bons renseignemens, on trouve une liste nombreuse des monumens littéraires et calcographiques qui, depuis 1664 jusqu'à la fin du dix-huitième siècle, ont été publiés sur les merveilles de Versailles.

BIOGRAPHIE SOMMAIRE.

On pourrait inférer de certaines observations qui m'ont été faites au sujet des *Recherches biographiques*, que j'ai puisé, et sans critique, dans la *Biographie de Seine et Oise*, des noms ayant peu de célébrité. Il n'en est pas ainsi ; et il est facile de vérifier que, si je lui ai emprunté plusieurs articles, dont j'indique la source, c'est, pour la plupart, en y supprimant des détails, en y ajoutant des faits, ou, en les rectifiant. D'ailleurs, de quel droit exclure des compatriotes déjà signalés par des traits honorables, ou pour de savans travaux ? Il me semble, au contraire, que, comme moyen d'exciter l'émulation, les nommer, c'est le devoir d'une biographie locale. Enfin, mes investigations en cette partie n'ont pas été les moins actives, ni les moins pénibles, et elles étaient presqu'entièrement mises en œuvre, lorsque cette *Biographie* vint à paraître. C'est ainsi qu'en me hâtant lentement j'ai recueilli les noms d'un grand nombre de personnes célèbres, ou remarquables, à différens titres, et des faits inédits, ou peu connus, que les auteurs de cet ouvrage n'ont point mentionnés et dont, sans doute, ils sauront profiter habilement. Entre plus de cent noms ainsi restitués à Versailles, on a pu remarquer le comte d'Affry, lieutenant-général; M. Armand, artiste du théâtre-français; M. Auzou, sectaire; le général Beaufranchet d'Ayat, député; le baron Denniée (Antoine), intendant-général des armées françaises; Delalande (P. S.), et Duchesne, naturalistes; madame Guibert et mademoiselle Guichelin, poëtes; M. le général d'Hautpoul; Houdon, statuaire; Huet, artiste de l'Opéra-comique; mademoiselle Joly, du théâtre français; le duc du Maine; le comte de Maurepas; l'abbé de Montgon, diplomate et écrivain; M. le comte de Rayneval, ambassadeur; M. Schnetz, mesdames Lemire, Sarazin de Belmont et Thurot, née Hoguer, peintres d'histoire, ou de paysages; etc., etc.

APPENDICE A LA BIOGRAPHIE.

Page 134, *ligne* 7, *au lieu de*, en 1789, *lisez :* en février 1791.

Page 143, *ligne* 10, *au lieu de*, 1690, *lisez :* 1790.

Page 147, *ligne* 10 ; *ajoutez :*

* BERNELLE (*Joseph-Nicolas*), né le 5 février 1787.

Entré fort jeune au service, il est actuellement colonel de la légion étrangère, à Alger; officier de la Légion-d'Honneur et chevalier de l'ordre de Saint-Louis.

Page 147, *ligne* 13, *au lieu de,* marié à la fille aînée, *lisez :* marié à *Marie-Louise,* fille aînée

Page 148, *ligne* 16, *au lieu de :*

BERTHIER (*Pierre-Alexandre*), naquit le 10 novembre 1753, *lisez :*

BERTHIER, (*Louis-Alexandre*) naquit le 20 novembre 1753. (*)

(*) Les erreurs commises dans les prénoms et dans les dates de naissances d'*Alexandre* et de *César* BERTHIER, proviennent du fait d'un employé; je conserve sa note. Elles sont, ici, rectifiées d'après une nouvelle vérification faite sur les registres de la mairie, par mon ami, M. de La Faye, le 3 septembre 1834.

Page 151 , *ligne* 3, *au lieu de :*

BERTHIER, (*César*, comte) naquit le 9 novembre 1765, *lisez :*

BERTHIER, (*César-Gabriel,* comte) naquit le 4 novembre 1765.

Page 154, *au lieu de la ligne* 15, *lisez :*

BOICHARD, (*Hugues - Joseph*) né le 19 janvier 1783.

Page 155 , *ligne* 2, *au lieu* de, *Judicq,* lisez : *Judith.*

Page 157, *ligne* 9; *ajoutez :*

BOURDEL, (*Charles*) naquit le 18 septembre 1766, et mourut le 29 mars 1833.

Page 158, *ligne* 4, *ajoutez :*

BOURGEOIS *(Joseph-Auguste* LE *,* et non *Pierre-Auguste)*, naquit le 23 février 1802, et mourut à Rome en février 1825.

Page 163, *ligne* 16, *au lieu de* 1777, *lisez :* 1775.

Page 165, dernier alinéa.

La marquise de Charry était née le 27 septembre 1766 ; elle avait composé quelques poésies légères.

Page 165, *ligne* 17, *au lieu de* 73 ans, *lisez :* 63 ans.

Page 168, *ligne* 23, *ajoutez :*

M. Claude est né le 3 octobre 1772.

Page 172, *ligne* 7, *au lieu de :*

CLÉRY, *(Pierre-Louis* HANET) est né le 29 juin 1760, *lisez :*

CLÉRY, *(Jean-Pierre-Louis* HANET, surnommé aussi), naquit au même lieu de Jardy, parc de Versailles, le 29 juin 1762 ; il mourut à Paris, le 7 mars 1834.

Même page, *ligne* 20 ; alinéa.

Les exemplaires, sans réimpression, de ces *Mémoires*, portant la date de 1832, ne diffèrent des autres que par des changemens dans le titre et par deux portraits de généraux qu'on a substitués à ceux des Cléry.

Page 177, *ligne* 10, *ajoutez :*

DAVERNE *(Laurent-Léon)*, naquit le 7 mars 1774 ; il est mort il y a environ deux ans.

Page 195, *ligne* 7.

* GUICHELIN, (*Marie-Anne*, mademoiselle) née le 30 janvier 1776.

Elle avait annoncé, dès l'âge de neuf ans, un rare talent pour la poésie, et qu'elle serait, ce qu'elle devint en effet, très-jolie. L'inauguration qui eut lieu à Beauvais, en 1788, de la statue équestre de Louis XIV, lui inspira une pièce de vers qui fut très-recherchée. Pougens nous apprend dans ses *Souvenirs* que cette demoiselle, alors âgée de dix-huit ans, lui fut présentée par Mme Coquebert de Montbret, à qui elle devait son éducation.

Une des productions de cette jeune muse, intitulée : *Epitre à l'Obscurité*, frappa surtout ce littérateur. Au jugement d'un poëte déjà cité, M. de Loizerolles, « cette pièce (*) est remarquable par de belles pensées et un grand talent pour la poésie. » Mademoiselle Guichelin continuait de cultiver les Muses avec autant de succès que de modestie, lorsqu'en 1797, et sous les auspices de Pougens, un gentilhomme étranger, M. Steck, obtint d'unir sa destinée à la sienne; il l'emmena en Suisse, sa patrie. On n'a pu découvrir si les poésies de cette dame ont été recueillies et imprimées.

(*) Insérée dans l'*Almanach des Muses*, an VIII (1799).

Page 195 ; dernier alinéa.

M. Guillon *(Jean-Marie)* est né le 27 avril 1775.

Page 201, *ligne* 13, alinéa.

Autre remarque à cette occasion. Les noms de plusieurs maires de Versailles ont été substitués à ceux que portaient différentes rues; mais rien n'y indique celles qui virent naître l'abbé de l'Épée, Houdon, etc.

Page 202, *ligne* 16, *lisez :* Hue *(Jean-François)* naquit le 28 mai 1799.

Page 215, *ligne* 16, *supprimez :*

LAUVRAY, *(Jean-Baptiste)* ; il est né à Orvilliers, près Houdan, le 18 juillet 1765.

Page 218, avant-dernière ligne, *au lieu de :* né en 1811; *lisez :* né le 11 novembre 1810.

Page 222, *ligne* 10, *ajoutez :*

* LEVASSEUR, *(Nicolas-Godefroi)* né le 27 novembre 1771.

Chef de bataillon d'artillerie en retraite ; il est officier de la Légion-d'Honneur, chevalier de l'ordre de Saint-Louis et décoré de Juillet.

Page 223, 3.ᵉ vers, *lisez :*

légèrement essuie

Page 230, *ligne* 17, *lisez :* né le 22 avril 1780.

Page 231, *ligne* 3, *supprimez :* Officier supérieur dans la maison militaire du Roi.

Page 235 , ligne 20, supprimez :

MONNAY , *(Etienne)*. Il naquit à Marly, le 18 juillet 1765.

Page 236, ligne 6, lisez :

Il quitta l'épée pour le sacerdoce et fut chargé

Et ligne 11, ajoutez : de Montgon naquit le 25 septembre 1690.

Page 237, ligne 8, ajoutez :

M. Neveu *(Pierre-Joseph)* est né le 4 mars 1775.

Page 239, ligne 10 , lisez : né le 7 septembre 1800.

Même page, *ligne 22, alinéa.*

MORTEMART-BOISSE, (*François-Léonard-Jérôme* , baron de) né le 12 janvier 1785.

Membre de la société d'agriculture et de plusieurs sociétés savantes; auteur de divers écrits littéraires, scientifiques et d'économie publique. Il est chevalier de la Légion-d'Honneur et décoré de plusieurs ordres étrangers.

Page 242, supprimez les quatre premières lignes, et *lisez* :

Elle avait épousé, le 21 janvier 1722, Louis I.ᵉʳ, Roi d'Espagne, par l'abdication de son père, et qui mourut le 31 août 1724. Reine douairière à seize ans et demi, elle revint en France, l'année suivante, avec mademoiselle de Beaujolois, sa sœur, qui devoit épouser Don Carlos.

Sa conduite fut aussi déréglée que celle de son autre sœur, mariée au 3.ᵉ fils de Louis, Dauphin. *Voy.* page 147. Elle mourut à Paris, le 16 juin 1742.

ORLÉANS (*Louise-Adélaïde* D'), dite mademoiselle de Chartres, aussi fille du régent, naquit le 13 août 1698.

Elle était d'une beauté remarquable. Abbesse de Chelles, « tantôt austère à l'excès, tantôt n'ayant de religieuse que l'habit; musicienne, chirurgienne, théologienne, et tout cela par saut et par bond, mais toujours avec beaucoup d'esprit ; toujours fatiguée et dégoûtée de ses diverses situations, incapable de persévérer dans aucune. Elle se procura, (à 26 ans), la permission de se démettre de son abbaye, dans laquelle elle cessa même de demeurer. » *Mémoires de Saint-Simon.* Sa mort arriva le 20 février 1743.

Page 245, ligne 14 :

*PONSARD, *(Jean-Marie)* né le 11 novembre 1782.

Lieutenant des grenadiers de la garde impériale, il eut une jambe emportée à la bataille de Wagram, et il est décoré des ordres de Saint-Louis et de la Légion-d'Honneur.

Page 251, ligne 6, lisez :

Rongeat naquit le 1.er avril 1793; il est mort à Paris.

Page 252, ligne dernière, ajoutez :

M. Saint-Denis *(Louis-Etienne)* est né le 22 septembre 1788.

STECK (madame). *Voyez* GUICHELIN (mademoiselle).

Page 255 , *ligne* 7 , *au lieu de,* son fils , *lisez :* son petit-fils.

Même *page, ligne* 20 , *au lieu de :* né en 1692 , *lisez :* naquit le 20 septembre 1691.

Page 262 , *ligne* 10 , *supprimez* ces mots : (et non le 21).

Ligne 23 , *au lieu de,* 1766, *lisez :* 1770.

Page 264 ; *supprimez* le comte de Vermandois ; il n'est pas né à Versailles, mais à Saint-Germain-en-Laye.

* VILLEMINOT , *(Ernest-Louis)* né le 28 décembre 1789.

Chef d'escadron au 4.ᵉ régiment de dragons, et chevalier de la Légion-d'Honneur ; il a été grièvement blessé sur les champs de bataille.

Son frère , Villeminot *(César-Antoine)* naquit le 9 octobre 1787 ; capitaine de cavalerie, il mourut au champ d'honneur.

Page 314 , *ligne* 6 ; *ajoutez :* Ses prénoms sont, *Charles-Hippolyte-Gilbert;* il est né à Versailles le 24 octobre 1784.

————

NÉCROLOGIE.

Pag. 280 *, lig.* 13*, au lieu de,* PELLISSON*, lisez :* PELISSON.

Page 284.

ANGIVILLER , (*Elisabeth-Josephe* DE LA BORDE , veuve en secondes noces de Charles-Claude-Gérard de Flahaut de la Billarderie , comte D') morte à 83 ans, le 14 mars 1808.

Buffon , Thomas, La Harpe, Ducis, l'abbé Maury s'honoraient, ainsi que Marmontel, d'être au nombre de ses amis : ce dernier a consacré cinq pages du v.ᵉ livre de ses *Mémoires*, à l'éloge de cette dame , alors épouse de Binet de Marchais, premier valet de chambre du Roi.

BRANCAS *(Marie-Louise* DE LOWENDALH, veuve d'Antoine Bufile, comte DE), lieute-nant-général des armées.

Elle était fille du comte Waldemar de Lowendalh , célèbre par la prise de Berg-op-Zoom, qui lui valut le bâton de maréchal-de-France, et par de nombreuses victoires. Elle mourut le 14 octobre 1834 , dans sa 89.ᵉ année.

MARIE-ANNE *Christine-Victoire* DE BAVIÈRE, femme de Louis, dauphin , dit *Monseigneur;* morte en couches de Charles, duc de Berry , le 20 avril 1690.

Un peu avant qu'elle expirât, Bossuet dit à Louis XIV qui était dans la chambre de cette princesse : « il faudrait que votre majesté se retirât. — Non, non, reprit le « Roi, il est bon que je voie comment meurent « mes pareils. »

MARIE-JOSÉPHINE DE SAXE, dauphine, mère des rois Louis XVI, Louis XVIII et Charles X : morte le 13 mars 1767. Cette princesse est enterrée à Sens, auprès de son époux.

NOTE SUPPLÉTIVE

A un écrit qui a pour titre : Question d'état civil et historique : NAPOLÉON BUONAPARTE EST-IL NÉ FRANÇAIS ? *avec cette épigraphe :* Neutiquàm hæc res neglectui est tibi. TERENT. (*)

La *Revue rétrospective*, tome IV, p. 321, contient un article qui a donné lieu à une contestation assez vive entre plusieurs journaux sur l'époque précise de la naissance de Napoléon Buonaparte : question importante, puisqu'elle renferme celle de savoir si la France a été, ou non, gouvernée par un étranger. Quelques uns, d'après une méprise qu'on pourrait autrement qualifier, commise dans l'acte de célébration du mariage de Buonaparte avec Joséphine, ont prétendu qu'il était né le 5 février 1768, tandis que c'est, à un mois près, la date certaine de la naissance de Joseph

(*) Paris, Everat, 1826, in 8.° : tiré à cent exemplaires.

Napoléon, son frère aîné ; ce qui détruit leur opinion. Mais *La Quotidienne*, du 29 octobre dernier, a présenté la solution, et sans réplique, de cette question, en reproduisant l'extrait baptistaire de Buonaparte, déjà publié dans la dissertation qu'on vient d'indiquer. Or, suivant cet acte, tiré des registres d'Ajaccio, et dont l'authenticité et l'exactitude, en dépit des contradicteurs, sont constatés dans le même écrit, Napoléon Buonaparte est né le *quinze aoust mil sept cent soixante-neuf;* c'est-à-dire, quinze mois après la réunion de la Corse à la France : ce qui décide les deux questions.

Un correspondant de ce journal a remarqué, comme je l'avais fait avant lui, que dans le corps de l'acte le nom de famille est écrit deux fois ***Bonaparte***, sans *u*, quoique le père ait signé ***Buonaparte***. Il est probable, dit-il avec raison, qu'il y a eu erreur de la part du prêtre ; mais il se trompe, lorsqu'il ajoute que « le corps de l'acte doit seul faire foi pour l'orthographe des noms propres, et qu'en conséquence, Napoléon avait le droit de signer ***Bonaparte***. » Propositions étranges et qu'on doit réfuter. En effet, il s'ensuivrait que l'ignorance, ou l'incurie, du rédacteur d'un acte de l'état civil, suffirait pour dénaturer et falsifier les noms patronymiques et pour rendre les membres d'une même famille étrangers les uns aux autres. Il n'en est pas ainsi ; en raison comme en droit, l'erreur ne peut jamais prévaloir sur une possession héréditaire : c'est pourquoi la signature, seule, a toujours déterminé les magistrats ; surtout, lorsque, comme dans notre espèce, tous les individus de la famille ont constamment signé *Buonaparte*. Et c'est ainsi que Napoléon lui-même a toujours signé ses actes civils et administratifs jusqu'à l'âge de trente-trois ans ; notamment cet acte de célébration de son mariage avec Joséphine, (*) quoique le commis de l'état civil ait aussi, suivant la manière de prononcer, écrit sans *u*, le nom de *Buonaparte*.

Enfin, son père, Charles Buonaparte, invité par d'Hozier de Sérigny, juge d'armes de la noblesse de France, à déclarer s'il doit donner à la famille le nom de *Bonaparte*, ou

(*) Inscrit aux registres de la mairie du 2.ᵉ arrondissement de Paris, à la date du 19 ventôse an iv (9 mars 1796).

celui de *Buonaparte*, son père, dis-je, répondit par une lettre datée de Versailles (*), le 8 mars 1779, que « l'orthographe de son nom de famille est celui de *Buonaparte*. »

Ainsi, lorsque Buonaparte a supprimé l'*u*, de son nom, à l'époque où il fut nommé Consul à vie, ce ne fut pas, comme on l'a prétendu, pour dissimuler une origine étrangère, puisqu'il savait très-bien, (ce que notre écrit a prouvé depuis), qu'il était né Français; mais ce fut pour confirmer ce fait, ce titre dont il se montrait jaloux, et pour sanctionner l'usage généralement reçu de prononcer *Bonaparte* (**).

———

La date de la naissance de Joséphine a été aussi fort controversée. Si l'on s'en rapportait au

(*) Où il se trouvait pour être présenté au Roi, comme député de la noblesse de Corse.

(**) Il est inutile de donner, comme pièces justificatives, l'acte de baptême de Napoléon et celui de son mariage avec Joséphine; ils sont insérés dans l'écrit que j'ai publié en 1826. La *Revue rétrospective*, tome v, p. 150, vient aussi de les transcrire à l'appui de nouvelles observations.

même acte de célébration de son mariage avec Buonaparte, elle paraît être née le 23 juin mil sept cent soixante-*sept :* tous les actes et documens officiels l'ont répété. Néanmoins, après avoir examiné à la mairie, l'acte du premier mariage de cette dame, qui, lors du second, a suppléé l'acte de sa naissance, j'ai reconnu que le mot *sept* est écrit sur un endroit graté et surchargé. Mais quel était le nombre auquel il a été substitué? A l'aide d'une loupe, j'ai entrevu les linéamens du mot *trois*, que recouvre celui de *sept*. Pour m'en convaincre complètement, j'ai pris le parti d'aller vérifier le fait sur le registre même de la paroisse de Noisy-le-Grand, où le premier mariage a été célébré, le 13 décembre 1779; registre actuellement déposé au greffe du tribunal civil de Pontoise. Or, l'acte de mariage, entièrement intact, constate que suivant son acte de naissance, dûment visé, *Marie-Josephe-Rose de Tascher* est née *le vingt-trois juin mil sept cent soixante-trois.*

Napoléon était donc dans l'erreur lorsqu'à Sainte-Hélène il accusait Joséphine d'avoir dissimulé son âge, en produisant, au lieu de

son acte de naissance, celui d'une sœur ca-
dette morte depuis long-temps. Mais est-il
aussi dans l'erreur l'auteur d'un écrit où l'on
soutient que Buonaparte, empressé de conclure son mariage, et n'ayant pas son extrait
de baptême, a fait usage de celui de Joseph
Napoléon (*), son frère aîné ? Accusation
grave, et que la suppression de cet acte,
attribuée, non sans motif, à Napoléon, rend,
au moins, problématique.

(*) Son acte de naissance lui donne aussi ce prénom.